Trademarks of the 1950s

Tina Skinner & Jenna Palecko Schuck

4880 Lower Valley Road, Atglen, PA 19310 USA

Copyright © 2003 by Schiffer Publishing, Ltd.
Library of Congress Control Number: 2002117607

All rights reserved. No part of this work may be reproduced or used in any form or by any means—graphic, electronic, or mechanical, including photocopying or information storage and retrieval systems—without written permission from the publisher.
The scanning, uploading and distribution of this book or any part thereof via the Internet or via any other means without the permission of the publisher is illegal and punishable by law. Please purchase only authorized editions and do not participate in or encourage the electronic piracy of copyrighted materials.
"Schiffer," "Schiffer Publishing Ltd. & Design," and the "Design of pen and ink well" are registered trademarks of Schiffer Publishing Ltd.

Managing Editor: Tina Skinner
Photo Editor: Jenna Palecko Schuck
Editor: Lindy McCord
Book Design: Bonnie M. Hensley
Cover Design: Bruce Waters
Type set in CopprplleGoth Bd BT/Aldine721 BT

ISBN: 0-7643-1828-4
Printed in China

Published by Schiffer Publishing Ltd.
4880 Lower Valley Road
Atglen, PA 19310
Phone: (610) 593-1777; Fax: (610) 593-2002
E-mail: info@schifferbooks.com

Please visit our web site catalog at **www.schifferbooks.com**
We are always looking for people to write books on new and related subjects. If you have an idea for a book please contact us at the above address.

This book may be purchased from the publisher. Include $3.95 for shipping.
Please try your bookstore first. You may write for a free catalog.

In Europe, Schiffer books are distributed by
Bushwood Books
6 Marksbury Ave.
Kew Gardens
Surrey TW9 4JF England
Phone: 44 (0) 20 8392-8585; Fax: 44 (0) 20 8392-9876
E-mail: Bushwd@aol.com
Free postage in the U.K., Europe; air mail at cost.

Introduction

Within the narrow confines of a logo, a trademark designer works to create an image that "pops" in the mind of the consumer, conveying a sense of comfort, excitement, quality, or fun, as the product might merit.

Both the products and the mindset of 1950s consumers and suppliers are reflected in the hundreds of trademarks shown in this book. Clothing, drugstore products, alcohol and cigars, food and dairy products, farm equipment, and photographic and phonograph products were dominant trades during this era.

Designs of the times sought to impart a sense of comfort, strength, tradition, and quality to clothing, drugstore products, and farming machinery. For food, wine, beauty aids, and other entertainment items, trademarks emulate fun and excitement.

This book is meant to inspire designers and artists with the colorful and eclectic visions prevalent throughout the decade of the 1950s. Among the thousands of trademarks that were registered during this decade this book attempts to present the more exciting examples, totaling more than twenty-two hundred unique trademarks.

The Drawing

To register a trademark, every application must include a drawing to render how the trademark is intended to look. Some companies submit more than one rendering with accompanied applications to share a variety of modifications in their designs. Some include a fancy font with a picture, while others are just simply the word they want to trademark with no special drawing. The Patent and Trademark office has made available a booklet that contains all the criteria for those interested in making their mark on the world. A plain black and white drawing is submitted even if color is intended throughout the trademark. Some companies may choose to trademark specific colors in their designs. To indicate color, the PTO has adopted a standard line code for applicants to use when color is claimed as a feature of the mark. In the sample shown, each color is represented with a different line pattern. As you peruse the eclectic gallery of images, you can envision each artists intention.

For more information regarding any of the trademarks included in our book, such as: company name, address, date of application, and the date of issue, consumers may log on to the United States Patent and Trademark. Each image is shown with its registration number granted by the U.S. Patent and Trademark Office. Any individual may access this information at www.uspto.gov using the government's Trademark Electronic Search System (TESS).

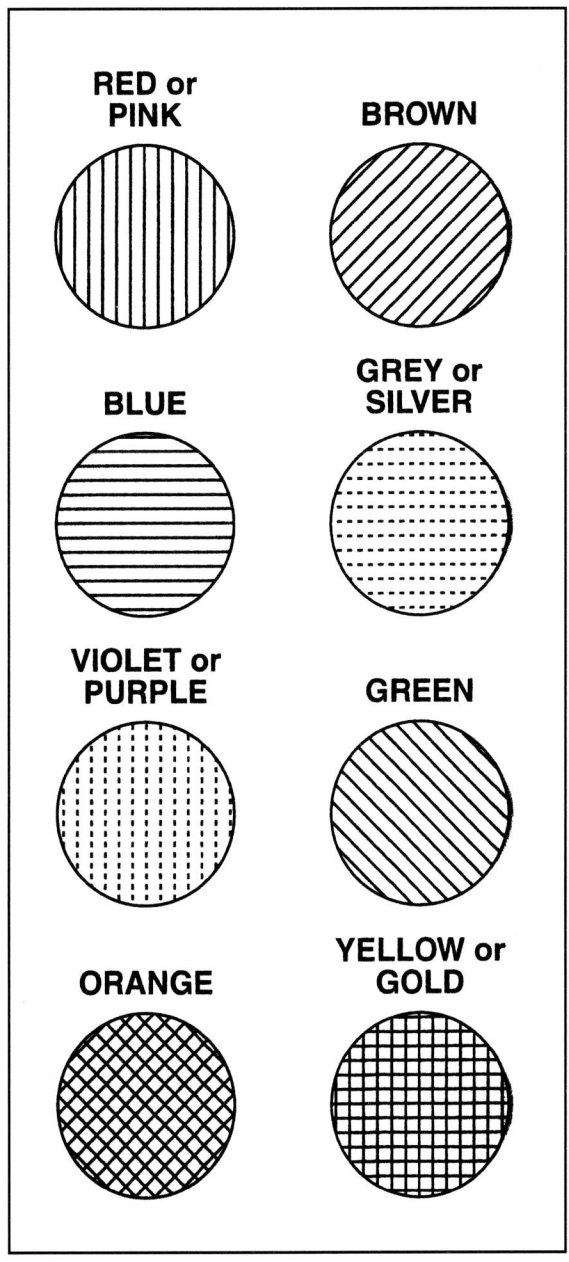

The Patent and Trademark office has adopted a standard code. Each color is respresented by a line code, shown here, which is used when color is claimed as a feature of the mark.

0443967

0443974

UKE-a-tune
0443977

TOPPER
GRANDE
0443978

MitaVyte
0443979

0443982

0443989

0443990

0443991

0443993

0443994

Frankly Forty
0443996

0444000

0444001

0444003

0444007

6

0444008

Grossart

0444009

0444011

0444014

0444019

Katharine Beecher

0444021

0444022

0444024

0444030

Valdé

0444031

0444032

DIXIE GRAPE

0444033

0444034

0444041

0444045

0444046

0444051

0444053

0444055

0444063

0444068

0444071

0444078

0444080

0444085

carboflex

0444086

0444092

0444099

0444108

TECHNICOLOR
NEWS & VIEWS

0444117

BRONCHITONE

0444118

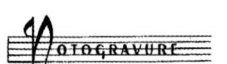
0444119

0444121

0444128

0444139

0444141

0444150

0444158

0444163

0444168

0444175

0444178

0444179

0444186

0444187

0444189

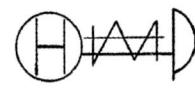
0444190

0444193

0444202

0444208

0444211

0444215

0444222

0444225

0444231

0444238

0444241

0444242

0444247

0444251

0444256

0444257

0444258

044426

 0444266
 0444267
 0444270
 0444273

 0444274
 0444278
 0444282
 0444286

 0444288
 0444289
 0444293
 0444302

 0444304
 0444314
 0444322
 0444332

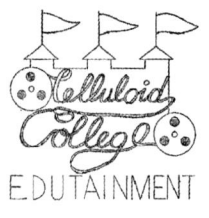
0444339

0444344

0444345

0444355

0444357

0444375

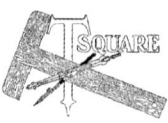
0444376

0444377

0444383

0444384

0444389

0444392

0444393

0444394

0444395

0444400

0444405

0444414

0444418

0444420

0444430

0444431

0444432

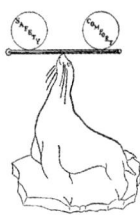

0444435

0444439

0444440

0444443

0444447

0444450

0444452

0444456

0444463

0444469

0444476

0444480

0444483

0444486

0444491

0444492

0444498

0444501

0444504

0444505

0444507

0444510

0444516

0444517

0444518

0444519

0444520

0444526

0444529

0444530

0444531

0444532

0444534

Madamoiselle

0444540

0444541

0444543

0444546

Shopmaster

0444551

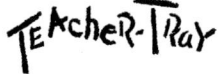

0444553

0444565

0444567

0444585

0444587

0444588

0444590

0444593

0444596

0444597

0444601

0444602

0444603

0444608

0444615

0444620

0444624

The AUTOGRAPHIC REGISTER CO

0444627

Everfrost

0444632

0444633

0444645

0444652

0444654

0444658

0444677

0444683

0444686

0444687

0444688

0444690

0444694

0444695

0444696

0444698

0444699

| 0444700 | 0444704 | 0444708 | 0444711 |

| 0444712 | 0444720 | 0444727 | 0444737 |

| 0444739 | 0444742 | 0444750 | 0444753 |

| 0444754 | 0444755 | 0444761 | 0444762 |

0444763

0444766

0444767

0444768

0444770

0444771

0444773

0444779

0444780

0444781

0444782

0444785

0444789

0444796

0444799

0444800

0444802

0444803

0500012

0500013

0500015

0500038

0500060

0500186

0500319

0500329

0500412

0500421

0500427

0500490

0500525

0500529

0500535

0500550

TREE
LIFE

0500551

0500552

Endocreme

0500553

Martha Manning

0500570

Carole King

0500571

Doris Dodson

0500572

0500575

0500586

0500609

0500610

0500614

0500616

0500652

0500653

0500658

N

0500666

Dutch Oven

0500669

0500670

0500676

0500686

T

0500700

0500701

Textite

0500703

Finesse

0500713

STOCO

0500714

DAILY SPORTS BULLETIN

0500715

0500814

MILKY-WAY

0500819

LEHIGH

0500827

0500831

 SUPER-TEX

Embassy

AMICALOLA

0500833

0500839

0500841

0500846

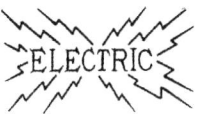ELECTRIC

"the farmer's daughter"

The Traveling Salesman

0500854

0500857

0500858

0500862

South Eastern

MOJUD *the dependable* LINGERIE

0500864

0500883

0500886

0500888

KEMTAG

FIRE·GUARD

Sengbusch

PLASTI-CARBON

0500892

0500941

0500952

0500955

0500966

0500974

0500979

0500986

LYNFLAX
0501003

Damascus
0501014

Albatross
0501016

Commander
0501033

QUEEN
0501044

BADGER
0501047

Sarby
0501049

0501050

0501056

0501071

0501078

0501079

0501080

Dress Parade
0501087

BISON
0501093

Tip-Top
0501099

0501133

0501140

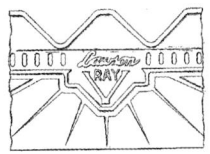
0501149

0501172

0501173

0501190

0502820

0504753

0504760

0504763

0504772

0504776

0504777

0519389

0519393

0519398

0519407

0519409

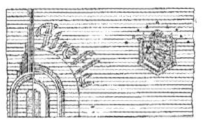

0519421

0519424

0519425

0519431

0519435

0519441

0519443

0519444

0519448

0519449

0519450

0519453

0519454

0519458

0519461

0519465

0519468

0519470

0519473

0519475

0519479

0519484

0519485

0519486

0519487

0519498

0519501

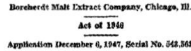

0519627

0519628

0519637

0519644

0519645

0519650

0519654

0519661

0519662

0519664

0519667

0519669

0519671

0519673

0519675

0519687

0519688

0519691

0519696

0519704

0519709

0519718

0520670

0520673

0520674

0520675

0520680

0520682

0520683

0520699

0520700

0520702

0520703

0520727

COLEMAN

0520730

0520734

0520735

0520736

0520745

0520747

0520757

0520763

0520764

0520776

0520777

0520779

0520786

0520787

0520790

0520792

0520796

0520797

0520798

0520799

0520801

0520802

0520806

0520813

0520833

0520836

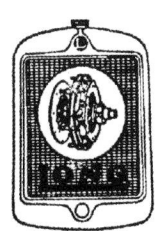

0520837

0520870

0520871

0520875

0520879

0520882

0520883

0520885

0520888

0520900

0520904

0520905

JOVE

0520915

0520957

0520958

0520961

0520966

0520967

0520968

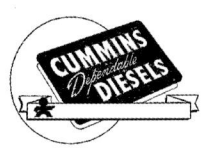

0520970

0520972

0520976

0521038

0521040

0521041

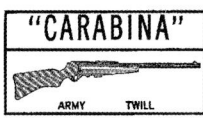

0521042

0521045

0521086

0521091

0521093

0521094

0521119

0521121

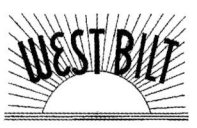

0521123

0521129

0521130

0521195

Cambridge
0521198

0521200

DIXIE
0521202

0521203

TONKA
0521204

Lady Charlotte
STYLED BY Joan Doug
0521208

Lady Regina
0521213

0521321

0521327

0521328

BRICK OVEN
0521329

Lustertone
0521330

CALIFORNIA DAYS
0521332

Babco
0521333

34

0521433

0521435

0521439

0521440

0521444

0521448

0521554

0521555

0521558

0521560

0521561

0521562

0521671

0521678

0521680

0521681

0521683

Speedy Sprayer
0521684

0521686

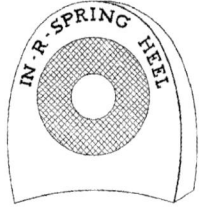
0521688

JOSE RIO
0521792

0521794

KELLY KUALITY
0521801

0521802

Marine Guard
0521803

0521805

0521809

Lengyel
0521814

RED HEART
0521816

Golden Wedding Anniversary
0521817

0521818

0521821

0521822

0521824

0521826

0521934

0521935

0521938

0521939

0521941

0521945

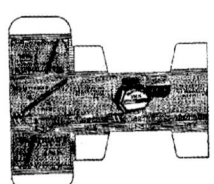
0522046

0522047

0522055

0522057

0522063

0522106

0522112

0522119

0522120

0522126

0522128

0522132

0522143

0522145

0522147

0522148

0536644

054330

0550502

0550518

0550623

0550624

0550626

0550631

MARTINI & ROSSI

0550635

ROSSI

0550636

RED ✠ CROSS

0550741

0550743

0550746

Consolidated

0550747

Old Molineaux

0550749

0550750

0550861

0550864

𝔖𝔥𝔢𝔯𝔞𝔱𝔬𝔫

0550870

0550872

The Virginian

0550876

0550977

0550995

0551096

0551100

0551101

0551102

0551112

0551214

0551221

0551225

0551228

0551229

0551230

0551344

0551352

0551457

0551461

0551463

0551469 0551583 0551692 0551696

0551719 0551729 0551833 0551834

0551836 0551837 0551838 0551839

0551841 0551846 0551949 0551951

THE LUCKY
THITEEN

0551962

0552068

0552069

0552071

0552073

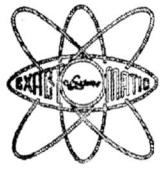
0552074

0552076

0552077

0552078

0552079

0552081

0552082

0552083

0552191

0552203

0552305

0552322

0552430

0552432

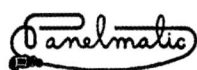
0552440

0552553

0552554

0552557

0552678

0552679

0552680

0552785

JUGTOWN MOUNTAIN SMOKEHOUSE

0552786

0552795

0552799

0552802

0552804

0552819

0552823

0552826

sonoco

0552840

0552861

0552879

0552885

0552892

0552894

0552896

0552907

0552913

0552921

0552922

0552923

0552924

Van de Kamp's      TRU SEAL   EverScent Sachet

0552927   0552931   0552953   0552962

         Bag-O-Lite

0552963   0552970   0552980   0552983

0552984   0552985   0552988   0552989

0552992   0552993   0553010   0553011

0553013

0553014

0553017

0553019

0553020

0553033

0553035

0553049

0553050

0553051

0553056

0553057

0553063

0553064

0553065

0553069

0553072

0553073

0553074

0553076

0553077

0553082

0553084

0553089

0553093

0553131

0553159

0553167

0553170

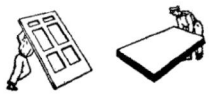

0553176

0553178

0553192

0553194

0553197

0553201

0553206

0553207

0553212

0553219

0553224

0553233

0553238

0553239

0553241

0553242

0553243

0553250

0553252

0553253

0553256

0553259

Kitchen Kanopy

0553272

0553273

0553290

0553291

0553292

0553293

0553300

0553403

———— IBM ————

0553406

WALDRON

0553407

0553409

𝔉𝔦𝔫𝔠𝔯𝔢𝔰𝔱

0553411

0553417

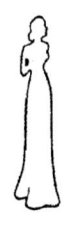
0553604

0553640

0553645

0553656

0553657

0553667

0553678

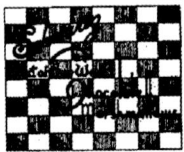
0553682

0553690

0553693

0553694

0553707

0553719

0553721

0553723

0553728

0553738

0553767

0553768

0553769

0553771

0553772

0553776

0553781

0553782

0553786

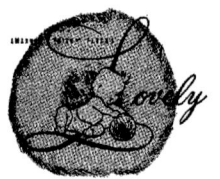

0553790

0553794

0553795

0553796

0553807

0553808

0553814

0553815

0553818

0553820

0553822

0553827

0553833

0553840

0553844

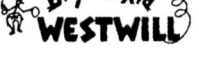

0553845

0553850

0553852

0553859

0553862

0553866

0553868

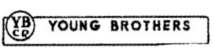
0553869

0553872

0553974

0553981

0553988

0554094

0554101

0554102

0554105

0554212

0554214

0554216

0554218

0554228

0554331

0554335

0554338

0554341

0554342

0554343

0554344

0554450

0554457

0554461

0554462

0554463

0554465

0554466

0554570

0554573

0554577

0554582

0554692

Automotive News
0554697

0554810

0554818

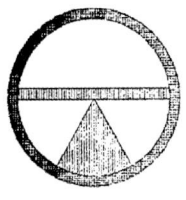
0554820

0554821

0554822

0554823

0554924

0554925

0554926

0554931

0554937

0554940

0554944

0554945

0554948

0554949

Duo-Blend
0554950

PRIMARREFLEX
0554952

0554953

Sloppy Joe
0554954

0554955

0554956

Ravi-oni
0554958

0554961

0554962

Concord
0554966

0554968

0554969

0554971

KLEETS
0554972

NU-AIRFLO

0554976

0554982

0554984

0554985

0554988

0554989

 rhythm step

0554990

0554991

0554992

LA CROSSE

0554994

0554995

0554996

0554997

0554998

SECTO

0555000

RED LODGE

0555001

0555002

0555005

0555006

0555007

0555008

0555009

BRIDGEWORKER

0555013

Cop-Cycle

0555015

0555023

0555025

Niccolini

0555032

0555033

0555035

Beauty Pageant

0555036

0555037

Lawfield

0555039

YOUNG TEXAN		FASHION-SHOW FLATS	"whistle" britches
0555042	0555044	0555059	0555060
Cuddle Coat			
0555061	0555063	0555064	0555066
Maine Aires	*American Boy*	*American Gentleman*	TUXEDO
0555071	0555076	0555077	0555078
LAWTONS	T.S. one	IMPERIAL QUEEN	Stylon
0555080	0555083	0555087	0555088

 CEM★LIN
0555089

GENSCO
0555090

Finetta
0555092

PROTO
0555093

NYLENE
0555095

 THE MARCH OF TIME
0555096

Amherst
0555097

PAMILSEC
0555099

ACROFLEX
0555100

MINUTE MAID
0555105

Vogue
COUTURIER DESIGN
0555106

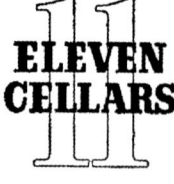 ELEVEN CELLARS 11
0555107

ARDEN
0555108

Avon
0555109

GLADSTONE
0555110

 TIP-OFF
0555112

CALCULISTER

0555113

My merry

0555114

0555115

STAY-ALIVE

0555117

0555118

0555119

fly the
route of
the vikings

0555120

0555122

0555124

0555125

0555126

0555127

0555128

0555129

0555130

0555131

TOURAIDE

0555132

0555134

0555135

0555138

0555139

0555140

0555141

0555142

0555143

0555144

0555145

0555146

0555148

0555151

0555153

0555155

0555162

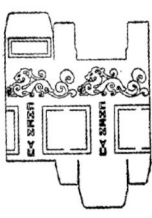
0555164

0555165

0555169

SAVOY
0555175

0555177

0555178

0555180

0555182

0555184

0555186

0555192

0555193

0555194

0555195

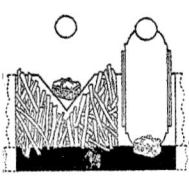
0555196

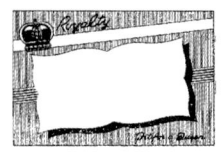
0555199

Skandia

0555200

0555202

Sliperaft

0555204

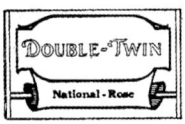
0555205

TROPCO

0555206

0555207

Darlynn

0555209

0555210

Koolfoam

0555211

ASCOR

0555212

0555213

0555214

WONDER·PASTE

0555215

0555216

0555217

0555221

0555222

Bryn Mawr

0555223

0555225

Contadina

0555226

Safepin

0555227

0555228

LACLEDE

0555231

Albert H. Weinbrenner Co.

0555232

EASTERN STATES

0555233

KEX

0555236

El-Tronics

0555238

Sleepy-Tot

0555239

0555244

"Lee Original"
Outdoorsman

0555246

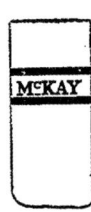

0555247

 **R.E.D.**

Buttons By Schwanda

SILKY MIST

Lakeseal

0555248

0555250

0555251

0555252

GAS  ACK

HOGAN'S

Brawley

El Encanto

0555253

0555254

0555259

0555260

 **GAIR**

VEG-A-PEEL

Petits Fours

SACCO

0555261

0555262

0555263

0555265

Air-Lok

LOFTI LITE

Flexa-Wave

 Armstrong

0555266

0555267

0555268

0555269

0555271

0555273

0555274

HYDRACEPTER
0555275

0555276

0555277

0555278

0555283

0555285

0555287

0555289

0555290

0555291

Puffles
0555293

0555296

JETCO
0555297

BURTCO FACIA	CALHAWAII	Cavalier	B & H
0555304	0555305	0555307	0555308
Lumaside	miss CLAiROL		EDITOLA
0555309	0555310	0555314	0555316
	"ROCKFORD"	REGENT	CURTAIN ROD Bag
0555317	0555318	0555319	0555320
NELLIE'S HAWAII HAIR GROWER	Kiddie Kabinette	NY DRY	
0555321	0555322	0555323	0555325

SELFIX

0555326

Hydra-Unit

0555328

Nahon

0555329

Du Barry CRÈME SUPERBE

0555330

Golden Shadows

0555331

RED POST

0555332

"*Leathersmith*"

0555334

Sark

0555335

𝔉riar

0555336

"*Winette*"

0555337

The ASTOR

0555338

0555339

Ramapo Ajax

0555341

Mirawal

0555342

2. 4" HUDSON

0555347

powelite

0555348

 A JOLLY DOLL

SIGSTAT

Genius

 MAGIC WAND

0555349   0555350   0555351   0555352

CAP-S-A-V-A

Super-Fort

TruVal Sierra

Tono-Lite Blinds

0555353   0555357   0555358   0555366

INSOLITE

Palaka

TRADER HORN

0555367   0555369   0555370   0555371

 TRENTON

Worsted-tex

ARTHUR MURRAY

 OREX 4

0555372   0555377   0555378   0555379

0555380

0555381

0555382

0555392

Groom-Master

0555393

Solette

0555394

Tran

0555396

VOLKANO

0555397

0555399

0555400

Gentlemanly Drape

0555401

YOBO

0555403

Sani-Flush

0555404

0555405

SAWMILL PEAK

0555408

Lady Desley

0555409

0555410

0555411

0555413

0555415

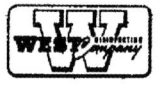

0555418

0555419

0555420

0555421

0555422

0555423

0555425

0555427

0555428

0555430

0555431

0555432

hobby	*Rule*	Perthriff	Yorkfields
0555433	0555434	0555435	0555436
FRAN-MOR	quik·a·part	RANCHGLOW	COLORAMIC
0555437	0555438	0555439	0555441
Big Sweep	Casual Loom	Hug-rite	CORRAL
0555442	0555443	0555444	0555446
Tensodin	**Calocure**	Royal Town Topic	WINGS Super-Fort
0555448	0555449	0555463	0555464

   *Milbro*   **Cadet**   

0555465   0555467   0555469   0555471

      *Bleachies*   **PLASITE**

0555472   0555474   0555476   0555477

craftsmen         *Janicheck*

0555479   0555480   0555482   0555484

Janifast   **Tek-tiv**      

0555485   0555489   0555490   0555492

0555493

0555496

0555497

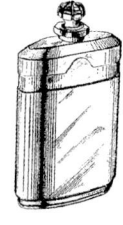

0555498

0555499

Hook Twist

0555500

BesTwisT

0555501

0555503

Famous
For
Flavor

0555504

0555505

Art material Trade news

0555507

JACKETTES

0555508

0555509

0555510

"Tapacan"

0555511

Hanley

0555512

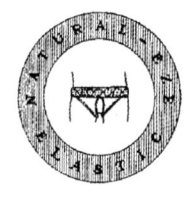

0555513

VOCATIONAL EDUCATION NEWS

0555517

Chatsworth

0555518

the Drawing Pencil of the Masters

0555521

0555522

DIGEST ARMED SERVICES

0555523

The American Bottler

0555524

FRANCONIA

0555525

BARWICK Mills

0555526

JETSLED

0555527

READY-CUT By Fuller

0555528

0555529

0555530

0555531

First Prize

0555532

P. Phillips

0555533

76

FRIGID·PAK	*Tops*		**IW**
0555534	0555535	0555536	0555537
RESTO-CRETE		**BLU WHITE**	
0555538	0555539	0555540	0555541
GOLDEN STATE	Zerozone		**FLORIDEX**
0555544	0555546	0555547	0555549
	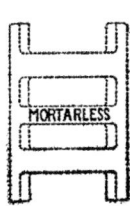	*Premier*	*Niagara*
0555550	0555551	0555555	0555556

Gerber

0555557   0555558   0555559   0555560

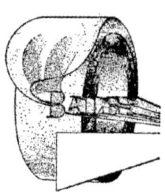

0555565   0555567   0555568   0555569

Sterling

0555571   0583459   0583461   0583463

norfleet

0583464   0583466   0583467   0583468

41

0583470

CRYSTALLOY

0583472

"BUNNYKINS"

0583473

Gilli Originals

0583475

Tillie of the Valley

0583478

STARTURN STARTURN

0583481

Rondinax

0583482

0583483

N&R

0583485

Robert E Lee

0583489

WEEDABOMB

0583492

spanky pants

0583493

Thymoform

0583494

THICKET

0583496

Valance

0583497

MeatMate

0583499

0583500

LOWLASTIC

0583501

"DuKe"

0583502

0583503

Blue Cap

0583504

0583505

Ol' Reliable

0583507

Lusterway

0583509

FLOPRINT

0583510

T C A

0583511

METLAB

0583513

PIPELIFE

0583514

0583515

0583516

0583517

0583518

"If it's Bell – it's swell!"

WIEDEMANN'S FINE BEER

IMPERIAL DANISH

0583519   0583520   0583521   0583522

play-pack

"Wells-Made MEANS Well-Made"

Redi-shave

0583523   0583524   0583525   0583526

Copperglo

TEXTURE THROUGH TECHNIQUE

KORK-EASE SANDALS *Hand Made* IMPORTED WATER BUFFALO

CHANGE TO THE BEER THAT *NEVER* CHANGES..

0583530   0583532   0583533   0583534

Oegas

AIR-PULSE

0583538   0583539   0583540   0583541

81

Fashion Loom
0583542

Brief-Niter
0583544

EDLAVITCH
0583546

0583547

0583548

0583551

AIRWAY GOLFER
Fashioned by Beaumart
0583553

SHRIVER'S
No ONE
0583555

0583556

0583557

0583559

0583562

Halo-Star
0583563

BACK O'DOOR
0583564

GLORION
0583566

0583567

0583569

RAMY

0583570

0583571

BUTEREG

0583572

0583573

0583575

0583576

0583578

0583579

0583580

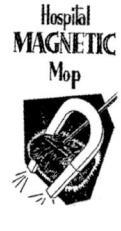

0583581

FESTIVAL

0583585

0583586

0583588

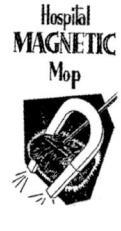

0583589

0583591

0583594

Olympia

0583599

MELLOHEAT

0583602

0583604

0583605

Lynn Wilson's

0583607

0583608

0583609

0583611

GIANT TROUGH-O-MATIC

0583613

Dellaira

0583614

WELTIMER

0583616

ROLLAFAX

0583617

Lancer

0583618

Gero

0583620

0583622

CU Ω D DEE   VIS·A·NAME      EDENSIDE

0583623   0583624   0583625   0583627

Coin Pak   DEMI   ToniPratt   Magic Band

0583628   0583629   0583630   0583631

alliance TEMPERATOR   Daisy Lee      ARTISTA

0583632   0583633   0583634   0583636

J.J.MacIntyre   LIGHTWEIGHT HUSKY   Fly Brand

0583638   0583640   0583645   0583650

ORTHO
0583651

Stern Brothers
0583653

ARCADIA
0583654

The BELLBIRD
0583656

enco
0583657

National
0583663

Autojig
0583665

Menu-Randoms
0583666

THE HELMSMAN'S WHEEL
0583667

Rite-hite
0583668

Howard Seal Protected
0583670

FLIGHT STARTING FLUID
0583674

BLUE BOW
0583677

Vitraglas
0583680

Griptube
0583682

Davy Jones
0583683

0583687

0583692

0583696

0583701

0583712

Mobile Living

0583715

0583716

0583721

0583723

0583725

0583726

0583727

0583729

Lastik

0583730

0583733

0583734

0583735

0583738

0583741

0583742

0583743

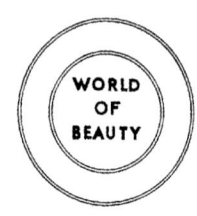

0583745

Linguafilm

0583750

0583751

0583752

0583757

0583761

0583764

0583766

0583769

0583771

0583775

DIAMOND **12** TWELVE

0583776

Pure-sure

0583777

ESKIMO

0583778

jencraft

0583779

0583780

yApré

0583782

0583783

Graymoor

0583785

0583786

0583787

0583788

0583789

KESSLER'S

0583793

DEMPSTER
DUMPSTER

0583794

HIGHSPIRE

0583795

Howard Kauffman's
HO-KA

0583797

Bosfilm

0583798

0583799

Ra-Lox

0583801

DI MARE'S
Tip Top

0583803

Coldin

0583805

Coldin

0583806

Duotip

0583807

Pen-n-Crib

0583808

PERFECT SAFETY PAPER

0583809

*Turnabout
Tommies*

0583815

Katie's

0583816

CHAIN SAW AGE

0600006

0600015

**FEDCO
REPORTER**

0600017

PLAYBOY

0600018

DELTA
UNIFORMS

0600019

0600022

0600023

0600024

0600027

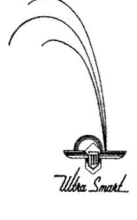
0600029

0600030

0600046

0600047

0600058

0600061

0600062

0600066

0600074

TROJAN-ENZ

0600080

0600090

0600091

0600092

0600093

0600094

0600149

0600150

0600151

0600163

0600167

0600172

0600173

0600175

0600179

0600180

0600181

0600189

0600191

0600192

0600195

0600199

0600201

0600204

0600205

0600212

0600213

0600216

0600218

0600234

0600238

0600243

0600246

0600250

0600257

0600259

0600260

0600273

0600277

0600279

0600281

0600282

0600284

0600289

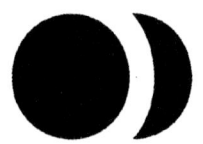
0600291

0600292

0600293

0600294

0600297

0600301

0600306

0600319

0600320

0600325

0600326

0600328

0600333

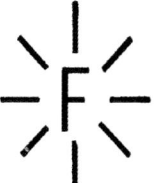

0600334

0600347

0600349

0600350

0600355

0600356

0600357

0600359

0600361

0600363

0600364 0600367 0600369 0600370

0600372 0600375 0600376 0600377

0600379 0600380 0600385 0600386

0600389 0600390 0600435 0600440

0600442

0600445

0600454

0600455

0600456

SILVER DOLLAR

0600457

CATALINA

0600458

Campbell's

0600459

0600460

0600461

0600462

0600463

BOON

0600465

LAKEWOOD

0600466

GARDEN of ISRAEL

0600469

0600472

Kentucky Handicap	Valley Dew	 Pomco	 Marques de Elorza SPRING MADNESS
0600473	0600475	0600477	0600478

PERF	Forever	 White Witch	'FIJO'
0600479	0600480	0600481	0600483

Ego-syl	Susetta	BioLotion	 GRANDMA'S KITCHEN
0600485	0600486	0600487	0600495

	Ribbonrail		 QUADOTS
0600496	0600497	0600498	0600499

"The 3-D GIRL"	Mr. Moon	Essex	Schain Test
0600500	0600501	0600502	0600505
FIBER-SHAKE SIDEWALL SHINGLE	SET·U·R·OWN	Ribbon BRICK	DR LILLY'S IN-A-DOR
0600506	0600507	0600509	0600510
Keller	Lexington	TREAD-GRIP	THERMO-plate
0600511	0600512	0600513	0600514
"ANYTHING containing IRON or STEEL"	REDDI-RAK	GROUND-GARD	ODOR-GO
0600516	0600517	0600518	0600520

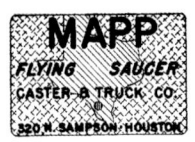
0600522

KROSFLO

0600526

Master Kraft

0600527

MUELLERAIRE

0600528

Shur-fine

0600529

0600531

CUSHIONARCH

0600532

NON-STATIC

0600536

ASBURY

0600538

by Krull

0600541

• Double Cross •

0600542

LUSTERWEAVE

0600544

KRUSH-PROOF

0600545

0600546

Farm Fare

0600549

AUNT WICK'S
MAKASYRUP

0600550

  Strāt-'n-Hurl .Short Run.

0600551 0600552 0600556 0600558

  CALIPEL COBONOL

0600559 0600560 0600561 0600563

  Classic

0600565 0600567 0600572 0600575

  STRENOFLEX reb·U·sol

0600576 0600578 0600581 0600586

 Hubbseal

"Bi - Di"

Merit

0600587

0600589

0600592

0600593

FlyMinus

UNIVERSAL

0600597

0600600

0600602

0600603

NICKEL — SAVER

Nitra-Flo

Kenlite

0600604

0600608

0600609

0600612

Dec-O-Grilles

0600613

0600615

0600616

0600619

0600620

0600621

0600622

0600624

0600625

0600626

0600627

0600628

0600631

0600635

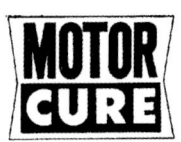

0600638

0600639

0600650

0600651

0600652

0600654

0600663

0600681

0600685

0600691

0600693

0600696

0600697

0600698

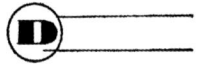

0600699

0600704

0600706

0600707

0600709

0600717

0600718

0600719

0600722

0600728

0600732

0600733

CINERAMA

0600738

0600739

0600740

0600743

Chastell

0600745

0600746

0600747

0600748

Bramson

PARAMOUNT ART

0600752

0600756

0600757

0600758

VACUUM ACTION

0600759

PETER TERRIS
Original

0600760

0600765

"DRIFTWOOD"

0600766

Perma-label

0600767

0600768

0600769

Sepco

0600770

0600772

0600773

0600774

TOPFLITE

0600777

CRAIG HALL

0600781

Kap-King

0600782

0600783

CHARRED BARK

0600784

106

0600789

KENVER

0600791

0600792

0600796

0600798

0600799

0600800

GREY·POUPON

0600805

0600806

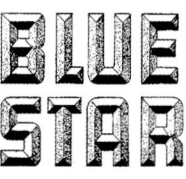

0600807

0600809

0600814

0600819

0600821

0600823

0600824

0600825

0600827

Zuendel
Wirebound
0600829

TUPPER!
0600830

0600831

0600833

0600834

0600836

0600837

DEERTALLY
0600842

0600844

0600846

0600848

Kiddie Koffee
0600853

HERRING BONE ZIG ZAG
0600854

Georges
OLD KENTUCKY
0600855

0600856

0600858

0600859

0600860

0600861

0600863

0600870

0600875

0600876

0600880

0600881

0600882

0600885

0600887

0600888

0600890

0600891

BALASTREAT

0600892

TRUSTONE

0600893

Metropolitan

0600894

0600896

0600897

0600898

0600899

0600901

0600903

0600905

0600907

0600911

0600912

DEMIWATE

0600916

0600919

 Deanette

Strolee

 Hurrican Bumpers

Tido WIRE WHEELERS

0600920   0600921   0600922   0600923

CruiseAbout

 MILNOR

Steeliner

 VINYL CRAFT

0600924   0600926   0600927   0600928

SNAPIT

MASTER MARINER

 RCA Radiomarine

FENWIRE

0600931   0600932   0600934   0600940

VIBROPLEX

Santa's Workshop

AEROFLOAT

LITTLE MISS MUFFET

0600942   0600944   0600947   0600954

PAR  MATE

0600957

BELLE TINKER

0600961

PlungerLift

0600963

outils  WOLF

0600964

0600965

ASPIRFIL

0600968

CORINTH

0600969

0600970

MarV-Al

0600972

0600973

 SAGE

0600976

Champion

0600977

0600980

0600981

0600984

ZEPHYR

0600985

SNAPPERIZE

SNAPPERIZER	A M E L	 bumble bee	
0600986	0600987	0600990	0600993
 MERRY GRINDER		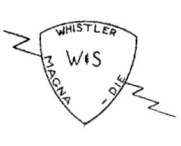	
0600995	0600996	0601000	0601003
 NCR	 Plymouth	 JAY	 Snack-Toter
0601008	0601009	0601024	0601025
 penthouse	 SACHS-O-MATIC	 Hirsh-Line	filemaster
0601029	0601030	0601031	0601032

0601034

0601046

0601050

0601052

0601053

0601056

0601057

0601059

0601063

0601064

0601069

0601070

0601073

0601077

0601081

0601082

TOURNAMENT  Niagara The Doctors Dairy

0601084   0601086   0601088   0601094

   FAMOUS FOOD OF VIRGINIA
                                                                  FFV

0601095   0601097   0601098   0601099

 TROPIX TOGS   CRAINE   Happiness

0601101   0601900   0602000   0602002

   KELCO

0602004   0602007   0602008   0602009

115

0602012 0602019 0602040 0602042

0602044 0602045 0602046 0602050

0602051 0602052 0602058 0602060

 Citation HOLE GRIP

0602061 0602062 0602065 0602066

BRUSH-A-TUNE

0602067

KITCHEN ORGANIZERS

0602068

0602070

0602072

0602073

AMEROID

0602077

WAXCO

0602078

0602079

NIONAMYD

0602081

Femo

0602082

0602084

Quikpure

0602093

GREMLIN

0602500

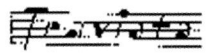

0602502

0602503

IT

0602506

0602508

0602509

0602512

0602513

0602514

0602516

0602517

0602519

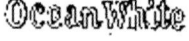

0602521

0602526

0602527

0602530

0602531

0602533

0602542

0602543

0602545

0602546

FIRTH TUFTWOVEN

0602549

0602550

0602551

0602553

0602555

Layflat

0602560

0602561

0602562

0602563

0602564

0602569

Reddi wip

0602573

Piercene

0602575

Bagcraft

0602576

0602578

0602579

0602580

0602581

0602586

0602587

0602589

0602590

0602591

0602592

0602593

0602594

0602595

0602596

0602603

0602606

0602607

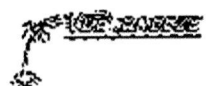

0602611

0602612

0602613

0602614

0602615

0602616

0602617

0602619

0602620

0602625

0602626

0602628

0602633

0602634

0602635

0602636

0602637

0602640

0602644

0602645

0602648

0602655

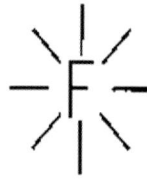
0602657

0602663

0602665

0602666

0602667

0602669

0602670

0602671

0602674

0602675

0602678

0602680

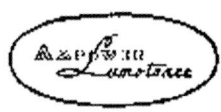

0602688

0602689

0602700

0602703

0602707

0602708

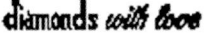

0602709

0602710

0602715

0602716

0602717

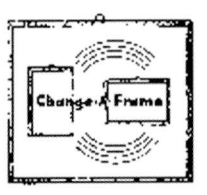

0602718

0602719

Beautyrest		DORRCO	
0602721	0602727	0602728	0602730
Dasco		Cressida	Joan Iris
0602734	0602735	0602739	0602740
	Professionette	Papoose LITTLE INDIAN JEANS	ScotAire
0602741	0602743	0602744	0602746
WASHINGTON 'DEE CEE'	Goodshire	Topmates	New Belle
0602747	0602749	0602751	0602752

SMART-E-BOY Neva-Tare Airmate Curligig

0602754 0602757 0602758 0602760

 Judy Lee FORMITE

0602761 0602762 0602765 0602767

   John Collins

0602770 0602774 0602777 0602778

0602779 0602780 0602781 0602782

0602784

0602786

0602787

0602793

0602794

0602797

0602798

0602799

0631101

0631102

0631103

0631105

0631106

0631118

0631127

0631131

HE*X*AG*O*N   *MAUSER*

0631133   0631134   0631135   0631140

0631153   0631155   0631172   0631176

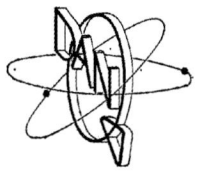      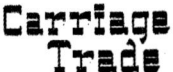   

0631177   0631179   0631180   0631181

0631207   0631210   0631216   0631224

0631225

0631232

0631233

0631234

0631235

0631275

0631309

0631312

0631316

0631317

0631321

0631322

0631325

0631351

0631355

0631358

0631359

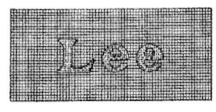
0631361

0631362

0631363

0631366

0631368

0631402

0631407

0631411

0660448

0660449

0664451

0664460

0664461

0664501

0664503

0664506

0664508

PENN BROOK

0664509

0664510

0664513

0664515　　　0664516　　　0664526

HUMMELWERK

0664532

0664538

0664539

0664540

0664541

0664546

0664552

"YOU'VE NEVER HEARD IT SO GOOD!"

0664553

0664556

0664578

0664596

0664602

0664604

0664608

0664657

0664667

0664669

0664679

0664687

0664689

0664691

0664696

0664700

0664721

0664724

0664725

0664731

0664736

0664738

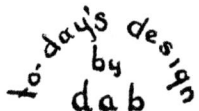

0664740

0664741

0664751

0664752

0664763

0664766

0664770

0664771

0664774

0664793

0664795

0664825

0664828

0664829

0664835

0664837

0664838

0664846

0664850

0664851

0664852

0664853

0664856

0664857

0664859

0664860

0664874

0664878

0664879

0664892

0664907

0664909

0664911

0664914

0664922

0664924

0664941

0664943

0667216

0677185

0677197

0677205

0677217

0677220

0677230

0677233

0677244

0677245

0677260

0677262

0677264

0677265

0677268

0677276

0677278

0677287

0677288

0677293

0677295

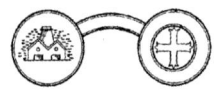

0677299

FishFone

0677314

Micro 6 Way

0677315

bc broxodent

0677317

0677322

0677323

0677332

0677334

0677342

0677346

0677350

0677355

0677357

0677362

0677365

0677367

0677369

0677370

0677375

0677376

0677378

0677380

0677386

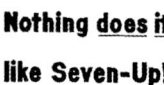

0677396

0677397

0677398

0677399

0677400

0677403

0677404

0677409

0677418

0677433

0677437

0677441

0677447

0677449

0677558

0677559

0677560

0677669

0677688

0677791

0677792

0677793

0677794

0677795

0677797

| 0677798 | 0677802 | 0677803 | 0677806 |

| 0677907 | 0677916 | 0677918 | 0677923 |

| 0678026 | 0678029 | 0678031 | 0678032 |

 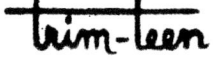 

| 0678038 | 0678045 | 0678146 | 0678148 |

0678151

0678155

0678156

0678157

0678160

0678164

0678265

0678277

0678279

0678384

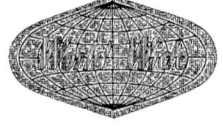
0678392

0678393

0678394

0678399

FILEALL

0678402

0678505

0678506

0678507

0678517

0678518

0678622

0678631

0678865

0683975

0683976

0683978

0683979

0683988

0683989

0684000

0684007

0684014

COIN-O-MATIC

0684027
0684029
0684052
0684054

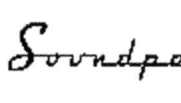

0684064
0684067
0684068
0684070

0684071
0684075
0684076
0684078

0684079
0684106
0684108
0684117

142

0684119

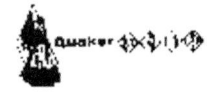

0684121

0684123

0684128

0684129

0684140

0684144

0684145

0684151

0684153

0684161

0684164

0684168

0684171

0684173

0684174

0684278

0684288

0684290

0684398

0684407

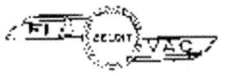

0684408

0684410

0684414